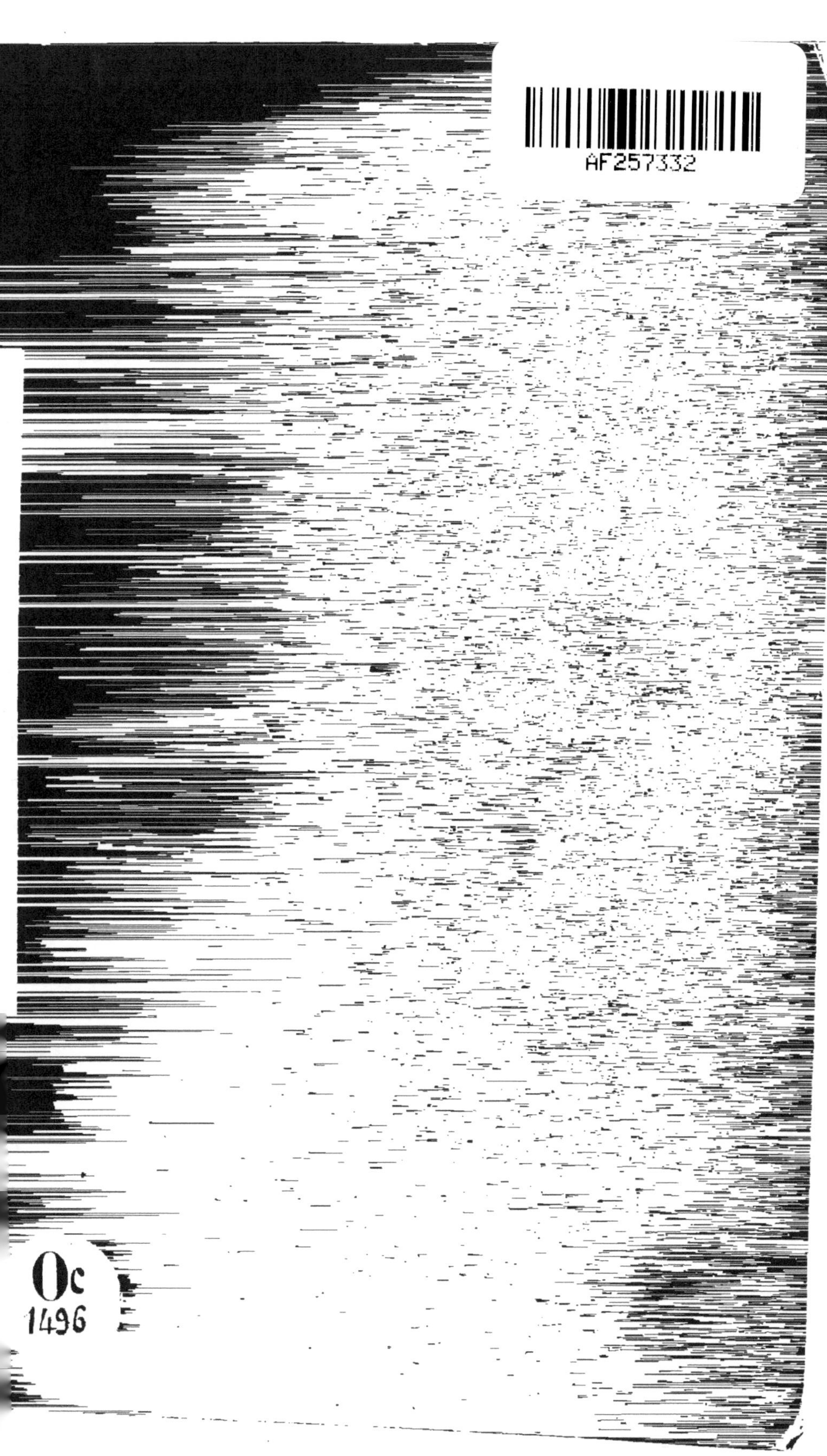

Oc
1496

RESTAURATION

D'ALPHONSE XII

SUR

LE TRONE D'ESPAGNE

RESTAURATION

D'ALPHONSE XII

SUR

LE TRONE D'ESPAGNE

Quand on songe au but avec grand amour
on entre dans la carrière avec grand courage.

(Saint Augustin, *Sermons*.)

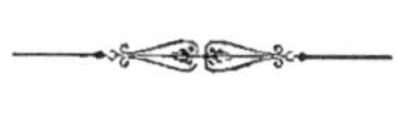

PARIS

TYPOGRAPHIE MOTTEROZ

31, RUE DU DRAGON, 31

1875

RESTAURATION

D'ALPHONSE XII

SUR

LE TRONE D'ESPAGNE

Le fugitif de l'île Sainte-Marguerite n'a pas perdu son temps. A peine a-t-il mis le pied sur le sol de l'Ibérie, que l'influence d'une volonté ferme s'est fait sentir. Ce peuple, aussi noble que malheureux depuis que la guerre implacable des ambitieux le torture si cruellement, s'est enfin décidé à revenir à des sentiments de justice, et à mettre un terme à une lutte fratricide : une lutte qui brisait, pour ainsi dire, tout lien avec la civilisation de notre siècle, une lutte affreuse qui doit avoir inspiré à tout cœur digne d'être Espagnol horreur et exécration contre celui qui s'appelle Don Carlos, et contre tous ses descendants.

Dieu, qu'il ose implorer tous les matins pour se donner l'apparence de bon chrétien, Dieu, qui sait lire dans nos cœurs, n'a pas permis à ce faussaire de religion de réussir par l'hypocrisie dans ses funestes projets d'usurpation.

Comment, senor Carlos, pour ceindre une couronne dont la volonté du peuple peut seule disposer, vous intriguez comme le plus mesquin des hommes, vous faites s'entr'égorger vos frères, vous incendiez, vous fusillez, vous faites pendre tous ceux qui ne sont pas de votre avis! Vous écrivez des manifestes à vos *chers compatriotes,* et vous osez espérer monter sur le trône que vous ambitionnez, en confectionnant par votre poignard perfide les marches qui devaient vous y conduire, par les cadavres des Espagnols, vos *sujets bien-aimés...* Quelle dérision!

En vérité, la guillotine trancha des têtes bien moins coupables que la vôtre, Don Carlos. Je ne parle pas des souverains qui ont subi cette peine, non! Ce serait souiller la mémoire de ces martyrs que de les comparer avec vous. Je parle, ici, des condamnés des Cours d'assises, dont vous vous êtes rendu l'émule par vos actes d'une *barbare férocité*. Oui, barbare férocité! Car dans tous les siècles les plus civilisés la férocité se rencontre ; c'est un des vices que la nature humaine partage quelquefois, malheureusement, avec les bêtes quadrupèdes habitants des forêts.

Dans ce cas, on déchire impitoyablement son ennemi personnel au lieu de lui pardonner, comme Notre-Seigneur nous le commande. Mais cet acte de tigre reste isolé entre deux individus qui se détestent, à tort ou à raison. On tue un rival, on défigure une femme adultère, on assassine pour un morceau de lard, enfin on étrangle un prochain pour avoir sa bourse. C'est la férocité de tous les temps.

La férocité *barbare,* c'est celle que vous pratiquez, senor Carlos, depuis des années, en plein XIXe siècle. Vous avez voulu suivre le Néronisme, vous avez désiré que les Espagnols non Carlistes n'aient qu'une tête, pour que vous puissiez la trancher d'un seul coup de yatagan.

Ah! vous avez compté sans la volonté de l'Être suprême, ce Dieu que vous osez implorer! Espérons que vous avez fini de jouer le rôle de misérable, dont vous fûtes assez longtemps le sinistre acteur. Puisse votre honteuse défaite servir d'exemple à tous les prétendants, ambitieux et cruels, qui, en dépit de l'équité, veulent s'imposer aux peuples, et passent insolemment sur des hécatombes humaines, pour arriver au pouvoir quand même !

Béni et glorifié soit à jamais le nom des Napoléons ! Ces deux grands hommes ont reconnu le droit des peuples, et certes les générations futures rendront l'hommage mérité au génie sans pareil de Napoléon Ier, ainsi qu'aux rares qualités de son illustre neveu Napoléon III.

Rien de plus touchant que les adieux de Fontainebleau. Ce grand capitaine, qui par ses victoires transforma l'univers entier, a préféré l'exil à l'idée de voir couler une goutte de sang de ses chers Français, pour se maintenir sur un trône qu'il avait cependant si noblement gagné !

Le digne héritier de ce nom magique n'accepta non plus le pouvoir que par l'unanime acclamation des Français, qui, à trois reprises, ont prouvé leur entier dévouement à Napoléon III.

Si la Providence décide un jour l'arrivée de Napoléon IV en France, certes, ce jeune Prince n'oubliera pas le testament de son père, qui disait : *Tout pour le peuple, et par le peuple :* « φωνὴ λαοῦ, φωνὴ Κυρίου. » Il ne perdra non plus de vue la voie de bienveillance, de bonté, de générosité, de grandeur que ce regretté souverain a tracée pour son fils. Ce Prince a eu le bonheur d'assister pour quelque temps (trop court, hélas !) aux actes glorieux, aux sollicitudes incessantes, aux générosités inépuisables que Napoléon III prodiguait à ses sujets, dont il était le père le plus tendre et le plus dévoué.

Nous souhaitons à la belle France un prompt retour à ce beau temps, à cette brillante période de vingt ans, parmi lesquels 1867 restera immortel dans les annales de la postérité, et la noble personnalité de Napoléon III recevra l'apothéose que quelques contemporains lui refusent, pour le moment du moins. Heureusement pour l'honneur de l'humanité, Napoléon III est adoré par l'univers.

Triste destinée, ou pour mieux dire fatale, que celle de tous les peuples et de toutes les époques. Jamais le mérite ne fut récompensé que sur la dalle du tombeau des hommes méritants.

Socrate fut condamné à mort ; Miltiade, à la prison; Thémistocle, à l'exil; Démosthène fut livré aux ennemis de la Grèce, et Aristide frappé d'ostracisme. Régulus, Caton, César, et tant d'autres encore, fournirent au contingent de l'ingratitude des Romains. Et notez bien que les Grecs et les Romains, quand ils récompensaient ainsi leurs bienfaiteurs, ces grands hommes auxquels ces deux pays doivent l'immortalité historique, se trouvaient au faîte de la civilisation et de la grandeur. Οὐδεὶς προφήτης, ἐν τῇ πατρίδι αὐτοῦ.

La France, cette contrée féerique, l'héritière de la splendeur de l'ancienne Hellade, aussi bien que des conquêtes de Rome païenne, ne pouvait pas être exempte du défaut d'ingratitude et d'instabilité. On est, il est vrai, porté à convenir que, sans ce travers, souvent bien funeste, la France pourrait ambitionner la perfection; mais, hélas! ce joyau, le plus étincelant des dons célestes, Dieu l'a réservé pour son saint domaine. C'est une fleur admirable, qui ne prend que près les régions de l'infini! Artistes, philosophes, potentats de tout rang, génies exceptionnels, enfin toutes les plus belles et les plus sublimes figures de l'histoire universelle ancienne et moderne, ont subi l'échec de l'imperfection humaine, juste au moment où ils pouvaient se croire au *nec plus ultra* de l'omnipotence. Quelle leçon pour messieurs les matérialistes et les incrédules!

On espérait qu'à l'arrivée d'Alphonse XII le carnage qui désole l'Espagne allait cesser. Hélas! la guerre civile sévit plus que jamais sur ce pays et présente un phénomène terrible et indigne de notre époque.

La voix de Pie IX s'est déjà prononcée pour la paix, et le nonce apostolique, Monseigneur Siméoni, apporte une branche d'olivier bénite par le Saint-Père. Alphonse XII a donc pour lui trente ans de bonheur que sa royale mère, la reine Isabelle, procura à l'Espagne. Il a des qualités personnelles, développées par une éducation morale et scientifique, propres à le rendre digne de l'amour et du dévouement du peuple chevaleresque dont il est le concitoyen. La noble couronne de ses ancêtres, posée sur sa tête loyale et intelligente par la volonté du pays, reçoit une splendeur divine par la bénédiction que le souverain Pontife a transmise à Sa Majesté.

Si Don Carlos est un vrai catholique romain, il doit courber son orgueil funeste devant la sanction de Notre Saint-Père, plier bagage, reconnaître son roi et laisser la belle Espagne se régénérer sous l'arc céleste de la paix, de la justice, de la civilisation, basée sur la religion et sur les progrès des sciences modernes.

Si, malgré la pieuse approbation de Pie IX, malgré l'opinion de toutes les cours de l'Europe en faveur d'Alphonse XII, Don Carlos persiste dans sa cruelle entreprise, oh! alors, ses contemporains aussi bien que la postérité ont le droit de le ranger parmi les criminels les plus abominables de tous les siècles.

C'est par cette pente fatale de la discorde qu'un peuple court à sa perte, car il est impossible que les puissances civilisées de l'Europe puissent supporter longtemps le spectacle vraiment hideux que nous donne la diabolique obstination de Don Carlos.

Une intervention étrangère pourra trancher la question et mettre un terme à cette tuerie continuelle; mais les Italiens disent avec raison : *Fra due litiganti, il terzo gode.*

Rien de plus probable qu'un tiers vienne mettre de l'ordre dans ce vrai chaos, un terme à ce chassez-croisé : Renvoi de la reine Isabelle, pronunciamento, dictature, république de plusieurs nuances, prétendants de toutes sortes, arrivée d'un roi honnête, renversement de ce roi, invitation enfin à peu près unanime de la nation au jeune Alphonse XII, et, malgré cela, ni trève ni merci.. Allez! Espagnols, pères de famille, jeunes gens, entre-tuez-vous, égorgez vos frères, exposez votre chère patrie à sa perte pour l'ambition d'un misérable qui oublie et sa naissance et les devoirs les plus sacrés qu'un homme loyal respecte : la paix et la tranquillité de son pays.

C'est avec plaisir que nous citons ici la lettre que le brave général Cabrera adresse à Don Carlos.

« GÉNÉRAL CABRERA A DON CARLOS,

« Parce que, libre de tout engagement, j'ai reconnu Alphonse XII comme roi d'Espagne, V. A., sans consulter ses conseillers, sans convoquer des juges, substituant sa volonté à la loi, m'impose une peine qui, pour un militaire, est pire que la mort.

« Cet acte de V. A. serait ma meilleure justification si j'avais besoin d'être justifié. Les Carlistes qui sont encore hésitants pourront apprécier la *jus-*

tice et la *sagesse* de Don Carlos! V. A. décrète la sentence et l'exécute. Que puis-je répondre?

« Que V. A. reprenne donc les décorations et les titres que j'ai conquis avec mon sang.

« Je garde mes blessures et le souvenir de mes services.

« Que Dieu juge entre votre conduite et la mienne!

« Je sacrifie volontiers à la paix les honneurs que je dois à la guerre. Et maintenant que Dieu inspire V. A. et lui dicte la seule résolution qui puisse hâter la régénération de l'Espagne.

« RAMON CABRERA.

« Biarritz, 26 mars 1875. »

Oui, que Dieu puisse, en effet, veuille inspirer cet égaré, ou qu'il le fasse disparaître de l'arène où il continue impudemment à disputer à son jeune parent le triomphe que l'Espagne entière prépare au roi Alphonse XII.

Ce jeune prince, doué de toutes les qualités qui font les bons citoyens, brave, bienveillant, dévoué, a eu le privilége de l'exil et du malheur, qui sont des leçons inappréciables pour celui qui doit gouverner un peuple-gentilhomme, pour ainsi dire, mais tourmenté depuis si longtemps par la tempête inénarrable de passions et de rivalités sans nom.

Aussi Alphonse XII est entouré de la sympathie de tous les gouvernements de l'Europe, et même Sa Majesté fut assez heureuse pour recevoir la bénédiction de Pie IX, ce digne Chef du catholicisme, ce Père bienveillant de tous les chrétiens.

Que les prières de ce saint homme puissent exorciser le mauvais génie qui agite encore cette contrée si riche en souvenirs glorieux, et que le nom d'Alphonse XII puisse être répété aux générations futures comme l'heureux symbole de la vraie pacification, du bonheur et de la gloire de l'Espagne !

EIRAM.

PARIS. — TYPOGRAPHIE MOTTEROZ, RUE DU DRAGON, 31.